Van de eerste tot de laatste liefde

Ilja Leonard Pfeijffer

Van de eerste tot de laatste liefde

Een amoureuze keuze uit de gedichten

Uitgeverij De Arbeiderspers
Amsterdam · Antwerpen

Omslagontwerp: Jan van Zomeren
Portret auteur: Stephan Vanfleteren
Omslagillustratie: Shutterstock
Typografie: Perfect Service

ISBN 978 90 295 4638 6 / NUR 306

Iljapfeijffer.com
Arbeiderspers.nl

Inhoud

Uit: *De man van vele manieren*

Songs for Ellen

Uit: *Giro giro tondo. Een obsessie*

Uit: *Idyllen*

Uit: *De man van vele manieren*

SEI SHONAGON

als mijn pen jouw huid
beschrijft mijn woord
jouw vlees betekent
beeld van jou mijn teken draagt

als jouw huid mijn zin
verbeeldt mijn taal
jouw beeld verhaalt
ik jouw huid beschrijf

als mijn zinnen jouw handen
en voeten krijgen woord
voor woord jouw rug jouw nek
jouw buik bedekt als jij
als jij mij zegt
en blootlegt
in onbeschreven wit

SAUDADE

ik proef je mistig
blaas rijp in het lover
zucht je ogen dof
je monden rood en open

ik laat het broeien in het hooi
onder klimop hagedissen schieten
ik laat zengen het uur
dat krekels zinderen
dat de velden kreunen

en bol je volhardende zeilen
storm vervoert je galjoen
met losgerukte schoten
en klapperend wand
reddeloos als rum in het ruim
langs ongedroomde constellaties

naar de kelder
waar de vaten rijpen
vol gistend verlangen

DIE LIEBE DIE LIEBE

liefde is een dunne naam
maar de avond wordt zwaar
en kruipt op mijn buik
ik ruik je avondmond
ik proef je naam

liefde is gauw gezongen en
liefde is dun gesponnen
maar spin voor iedere tol
en zing als een klepel

liefde is een avondwoord
maar het wordt avond
en mijn keel wordt donker
ik wil je drinken
ik proef je naam

WATERMUSIC

en toen ik je snoetje kreukelen aangaf en jij zei o
en ik sloeg na de tel hoe pianissimo jij slonk
toen zonk de titanic
en met zinken zonk zingen
struis gestrijk en veren
de koperen bolero blazen was bellen blazen en zonk
in de luchtdichte vitrine met bezonken memorie

en mijn armen zo tutti als die oceaan
en jij zo sotto voce en ik wilde zijn colla parte je foedraal
en je verstopt onder mijn rok
door de douane
na het landen als coda
tevoorschijn halen
op ons eiland
ver van de finale

IN LEIDEN MET HET MEISJE VAN ZILVER

in de lokhorststraat met het meisje van zilver
in de brandewijnsgracht met het meisje van zilver
in de minnestraat met het meisje van zilver
in de meisjespoort met het meisje van zilver
in de paradijssteeg met het meisje van zilver
in de beschuitsteeg met het meisje van zilver
in de uiterste gracht met het meisje van zilver

[1] EUDIA

als ik om te zingen
moet zingen uit het fust van verdriet
als ik op leeg op bodemloos hergistend
verlangen het starend glas moet klinken
als ik de wanhoop moet heffen op wanhoop
en bittere dorst de keel moet smeren
dan zal ik niet meer zingen

als ik om te drinken
moet drinken om wonden te dichten
als ik wezenloze nacht tot kille morgen
lessen moet de adem geestrijk moet verzuren
om liederlijke zinnen te bedwelmen
als ik troebel van hartverduistering moet brallen
en alsemdronk de bitterheid verdrinken moet
dan zal ik niet meer drinken

zou ik drinken ik zou drinken met een wolkeloos lied
in de stijl van deze opheldering
want doorzichtig is en met een klare naam
begonnen de liefde

mocht ik zingen laat mij zingen uit een breekbaar glas
naar de smaak van deze verklaring
want van zingen is en met een klinkende naam
begonnen de liefde

[2] EN WAT HET DAN BETEKENT

en wat het dan betekent ruiken naar gelukkig gras
in blauwe irissen reizen als de oude goden
rimpelloos voorbijwapperen op een glimlach
wat het betekent ondersteboven liefde spellen
op een onbeholpen tafellaken
alsof je nog nooit eerder
hebt geschreven of hebt liefgehad
en wat het dan betekent verlamd van L-
liefde voor eerst en immer rond te zijn
met blauwe regen trots te glimmen in de zon
begrijpen in een gloedgroen glunderend volapük
en jouw gouden hoorn tot bocht van genua
en sargasso zee bezeilen in de wind
met het hart kloppend als een syllogisme
samengevallen als een zwitsers zakmes in elkaar
wakker worden in de oksel van venetië

jij weet wat het betekent want jij geeft betekenis
aan gras ontwaken alfabet en de zeven zeeën
onvertaalbaar zijn deze dagen
die dansen op de tenen van de logica
er is na deze zomer
geen excuus voor herfst

[3] RONDEEL

niemand zelfs de zeewind niet
heeft zulke ruime handen
zo'n doortastend wiegelied
vouwt niemand zelfs de klaproos niet
er wiedt een wichel die alles ziet
onder onontdekte landen
want niemand zelfs de regen niet
heeft zulke kleine handen

[4] EEN CORINTHISCHE ODE

al ware het dat ik de talen der dieren en dingen sprak
en jij brak en verscheurde mij niet
ik zou blaten als snuisterijen
en brullen in een kamerplant

en al ware het dat ik de gave had van profeten
en de belezenheid van monumenten uit vergeeld verdriet
vandaan gehouwen op vleugels van triomfantelijk rijmend
graniet
en ik had de windbuil die basalt tot profeten blaast
en jou had ik niet
ik zou verwaaid bladeren in winderigheid
en getuigenis braken van braakliggend stuifzand

en al ware het dat ik mijn lendenen zong en overgaf
en jij blakerde mijn zinnen niet
zinloos zou ik wit op wit zijn

jij klauwt mij prooi en jouw tong laat wat voorheen zweeg
in de taal van engelen schreeuwen
en alle dingen bedekken jou alle dingen geloven jou -
alle dingen hopen jou alle dingen verdragen jou
jij vergaat nimmermeer maar hetzij gebeitelde
en opgeprikte passie jij vervult haar profetie
hetzij pracht zij wil naar jou talen
hetzij woordenschat jij bent haar bruid
want delen van ons proeven en wij raden ten dele
maar wanneer volmaaktheid toehapt
proeft raadsel onze hele tong

toen ik dierlijk nog niet was sprak ik als een man
was ik als een man gezind lag ik als een man
maar nu in jouw zin geboren
want ik zag in de spiegel geen raadsel
maar nu lijf in lijf

en nu blijft in mijn zinnen jouw lijf deze drie
doch de meeste van deze is jouw lijf

NACHTLIED

hoe wil je dat ik jou opschrijf? met woeker
als een wingerd of meer stuiverrij? mag ik je overladen
met kruiken en amforen vol klaterend sieraad
door dwergen uit de donkerste krochten gedolven onder de aller-
geheimste spreuken gepreveld en omgesmolten
adamanten maanpauwoog in nachtglans vervat
en gegranuleerd als spindauw op zilverrag door de meest wijze
en edelste smeden van het land
over de golven van jouw wijngeurig lijf

uitgestort? of moet ik stil stil spiegel weten als een meer?
en hoe wil je dat ik mijn liefde vertel? zeeziek zoenend
in geluk als een bad vol gele vla van de nacht tot de zingende
morgen? of wil je dat ik op je wacht
op een flard van een ontrafelbaar lied?

wat kan ik je geven? een zusje? speciale effecten?
een oude cowboywijsheid of zestien thyrsuszwaaiers?
vossengespin? een geheim? een cocktaildress
van levende vlinders?
of de dubbele kroon van egypte?

INFANTE

laat de uitgefrikte vijgenmond zichzelf vermannen
kleine prins een dophoed zal wel waaien

van die vale pluizenkop want tweeënvijftig
zondagse waterdragers zweten wonderwel op
tegen de ijzeren worgengel van krimpdraad
dat haar etherisch roest en ontbloemt
verwelken dort en ritselt tot het stinkt

niets serafijns geen trieste isolde dus laat ook de drab
de drab zichzelf het moeras en het braaksel met overgave
achter bij die o zo zielbewuste tranentuiters kleine
prins want mijn liefde hoost als een wolkbreuk

en al zeg je doornenstruiken ik zal ze
doorkruipen al zou je over de bergen gaan
ik zal je vinden bij de volkeren in het noorden
of bij de eenogigen in het zuiden en al teelde je
onder mijn ogen een rietkraag om de witte wateren
van je buikmeer en borstelig haar op de rug van je handen
ik zou je niet verlaten

want hoe zou ik bloesem verdragen hoe zou ik ooit nog
de zee bevaren als de landen jou niet droegen
als jouw lied niet zong als het niet jouw schaduw was
die mijn hoofd in slaap waait en verkoelt en verkwikt

en ooit zal ver weg een reiziger in den vreemde
de ongelovige volkeren verkondigen
er is een koningskind bemind

OVERTOCHT

laat verwond op de vleugels van een wonderjoffer over de wateren
laat verduisterd op de wind van wuivende halmen
wijnrood bestaan in de nazomerse landerijen warm van vette runderen
en in de avond lekken de volle raten en jij lacht voor mij
in eenvoudig italiaans dat het goed is dat populieren
ons wolkeloos wijzen de warme avondlucht

moe is de mensheid oud het gereedschap
dat het balkt van boerengedichten dat het krikt
in de schuur zoals ik man nog onder harige mannen
mij verlustigde om als mayonaise af te glijden
en harig beest nog onder beurs walmende hoeren
die ledematen uitbesteed botte lusten vieren
in een wijfje pissen moest want zo was voor mij de liefde

maar ons laat het ons late en vroege honing zijn
jou en mij te koesteren
in de glans van het fotoalbum jou en mij
te weten jij rechts ik links wij samen many
many venices in onze handen en op ons popelblad
avonturen eindeloos gaan wij negenennegentig
worden voor elkaar in een schommelstoel

ik heb voor jou een rode propellor
gemonteerd voor op ons wiegend waterbed
zullen wij vannacht hoog boven perzië
vliegen

DE ROOK

badend in beuzeling at ik van de boom van de zakkum
en als gesmolten staal brandde de dorst in mijn buik
dronk in een menigte van de lateren en van de vroegeren weinig
op de wijze der versmachtenden ziedend
spijs van droge doornen dat zij mijn ingewanden stuksneed
ik streefde in de schaduw van roetrook
naar de tooi van het nabije leven
en achter mij was djahannam niet stierf ik in haar
noch leefde ik en zij zei smaakt het gij zijt de geweldige
de eerwaardige want hoe verdoold in iedere vallei
zei ik wat ik niet deed

op het tijdstip van een welgekende dag heb jij
jij mij begrijpelijk gemaakt door jouw tong
jij mij met louterende drank gelest
niet is daarin bedwelming en jij beloofde
dat jouw schaduw duurzaam is
en je zei dit is de gaarde van bestemming
dit zijn de hoge banken lig met mij
bekleed met fijn en grof zijde ingebed
in mij wit en grootogig
als ingebedde eieren gelijk aan ingebedde parelen
wij zullen elkaar smaken ooft verlangen
in welverzekerdheid

AIR

niet is het een bange hand die klampt en keelt het is een
wonderlijke hand jouw hand die mij heel
streelt heelt en zon oplegt

niet is het zoenen jouw zoenen maar spreken van dier
tot dier tot het zomer is en heuvels zingen

niet zijn het heuvels die mij doen klimmen en dalen
op de lange reis over zeven continenten van jouw lijf
het is een soort vliegen op de witte wolken
van jouw lijf en het is en het is jou zijn

want niet is het vliegen dit vliegen
niet is het mij zijn dit heel zijn
het is mij zijn en jou zijn en zon zijn

KLINKT LOLOLA

hij wandelt ijs die lola likt
verklimt zich aan haar hoge tong
haar hinkgedachtenzevensprong
die al zijn zinnen onderschikt

zij rijst hij lijmt zij lengt hij valt
hij blut zich aan haar raadsel zij
vriest dicht en siert hem wankel hij
verbijt haar noemt haar mooi en valt

maar tenminste likt hij lola
die schuimt champagne voor de ogen
en napels stil loopt tot het zingt

en allemaal lolololola ciaociaogetiete
    capriola gedicht van vorm rime riche
    bicola da gambe sopra quali vola een
    sederino da viola melancholia
    moviola en allemaal olé la ola
en laat ons lola zuchten mogen
en sterven als lolola klinkt

OFFERTORIUM

ik heb jou
met ononthaarde benen in een vieze onderbroek zien zitten op de bank
zien huilen als een domme hond in de middag
getroost om niks om alles om een puist op je bil
ik heb jouw tanden gepoetst jouw kak geroken
en uitvoerig bestudeerd ik heb jou omhelsd omarmd omhelsd
gekust en omhelsd en voor de storm van jouw redeloos bang zijn
voor de motregen van jouw reddeloos klein zijn
niet gescholen ik heb frambozenvla gekocht toen je ziek was
ik heb geen barbi geen maan in een meer
geen lief mooi meisje geen opblaaspop ik heb jou
ik heb jou
lief zoals alleen een echt mens liefgehad kan worden

dus schaam je je en vind je dat je stinkt van heel zijn
en je kunt niet meer gillen met je eigen goddelijk lijf
van de krulspelden in je achterhoofd en ik breng jou
samarkanten offergaven van mirre en wierook
je ruikt de geur van je eigen sokken op maandag
die ik gisteren rook en ik aanbid je
als een mens en je zegt we zien elkaar vaak
te misschien

het valt mij zwaar mijn woede vast te houden

HEPTABIPODE

niet is het jouw hand die mij opvist en de mist
wist uit de triest druipende netten van mijn ogen
want jouw hand die mij zeker wist liet mij vallen

niet is het onze zee de zee en ons strand niet adem ik
lucht met onze wolken want zonder jou is niet de wereld
maar een merendeels leegverstenigd geologisch tijdperk
als de betegelde badkamer van mijn hoofd waarin het weerklinkt
met rondzingende spiegels van hoe het niet is en eeuwig
dezelfde gekweld gekweelde slotmaat klatert
van de valse aria van wat is is niet goed

want niet is het goed want jij hebt mij ontkozen
uitgevinkt mij ontliefd de afkeur gegeven
op mij je stem ingetrokken je oog op mij
laten ontvallen en ik zie met jouw stem spreek
met jouw ogen voel met jouw handen eb en vloed in mijn ogen
schep met jouw handen zand in mijn ogen
en zie wolkeloos helder wat is
wat mist hangt als mist in de ogen

aldus afverkoren verbaster ik in oermondig visserslatijn
mijn quotum weekvinnige zelfverwijting
met giftige woestbaars galbittervoorn gramgrondel

snakschar hunkerzeelt en smachtbarbeel
verstrik mijzelf in jou vang heilloos bot en val

want niet is het wandelen gestrand ben ik een uitgestorven weekdier

op veertien weinig plausibel gereconstrueerde schijnvoeten
raggelings wringelend wonkel ik schichtig kopschuw scharrelend
vergeten in het pleistoceen en het is koud zonder heptabipodinnetje
geen plaatsbewijs voor de ark ik ben deficiënt ontworpen
fout getekend fremdkörper met een hybride denominatie
in naam wortelpotig monster ik ontworteld de kiezeltijd
met mijn zeven dorsale stomatophthalmiën of ik adem snak
en ik kan kop noch staart aan mij ontdekken

niet is het zo niet goed om nooit te zijn gevonden en begrepen
als om opgevist herkend en drooggestreeld te worden teruggezet
in de annalen van mislukte soorten

DOLORES I

in een niet nader aangeduid seizoen
schreef ik in de ik-vorm een tijdloos
en meerduidig gedicht over het raadsel
van het bestaan dat met weemoed en humor
tot nadenken stemde en ontroerde
het had geen strakke vorm er kwamen zeekoeien in voor
en berekeningen van salonbèta's die wel klopten
maar niet van toepassing waren en woorden zoals houtekiet
waarop je niet kunt rijmen alsmede koenraads kleefpastei
en zeezoutwit dat altijd blauwer opdroogt dan je dacht
en iemand die zei hebben jullie dat nou ook
maar niemand had dat ook het was een ideaal gedicht

en maar want toen ik jou toen ik jou zag zitten
leunen en liggen in jouw weergaloze jij-vorm
met het pronte volrijm van jouw deinend distichon
op het dwingend strakke metrum van jouw maten
in fracties van seconden volmaakt expliciet
en eenduidig uitgelicht tot in de volta die een val-
kuil was van tranen in jouw golvende klinkdicht
tussen jouw octaaf omarmend uit graniet gehouwen
en terzinen die dansten als zinnen voor mijn ogen

toen brak lente los van zingen en om nooit meer
na te denken en vloog elke vogel op tot in zijn lied
klopten alle vergelijkingen met jou als onbekende
rijmde mijn bestaan op het raadsel van jouw lijf
lijm van mijn lippen sap van mijn blauwende weemoed
zee van mijn zweefduik zout van mijn loeiende wonden
want zo was jij om nooit meer om te slaan
ik heb je gezoend gelikt gezoend en uitgeknipt
en opgeprikt waar ik jou dag en nacht kan lezen

jij o mijn pure vorm mijn ideaal gedicht

DOLORES 2

en ik wil je dubbel onderstrepen nu en romig opkloppen
tot een knalframbozenfuifsoufflé van veertienhonderd meter
ik wil mijzelf verpiepklein mikro mikro krimpen

als een pacman met een minimondje
grazen van jouw middelteen frambozenbuik jouw bil jouw bil
en met duizend hapjes zoenen

maar jij zegt doe normaal in stijve onderkast met grutten
en zegt je mond is groter dan je ogen met je krullen van barok
brokaat bokalen wat er maar met b begint
mij niet weet ik wat heb jou gloeiend door en dikke vinger
voor je niks persoonlijks hoor maar doe normaal
dan doe je al genoeg

dus droom ik van jetsers in boter met tienduizend levels
en dat ik opblaaswijfjes schok met piepende frambozen
van ja en oe en a en meer en paarden ook
slagroom met negers en de eiffeltoren
en ik zeg niks persoonlijks hoor

nee dat laatste zei ik niet

DOLORES 5

ik had je uitgestippeld en dolores tot in puntjes
doordacht dat ik na investering van mijn blik
op jouw blik en alles wat mij is
met derving van al mijn activa
vijandig werd overgenomen door het bedrijf
van jouw hoge gebaren van knisperend
dansen voor ogen en na beursgang van mijn
verhitte en beursgehunkerde koersen
het rendement zou proeven van volledig
verlies in jouw handen

en jij zag mijn aandeel als optie mijn vraag
naar jouw aanbod met winstoogmerk dus nam je mij
over met kille efficiency om mij onder te brengen
in de sterfhuisconstructie van jouw hooghartig
en vanzelfsprekend dolores zijn wier core business is
zich aanbeden te weten en je boekte mijn tranen
als liquide middel van een weinig rendabele divisie
die je exploiteerde uitkneep ontmantelde

    en afstootte

DOLORES 6

en dan toch teleurbier omdat jij er niet bent
en slap geleuter met excuusbekenden
waar ik zeker wist dat jij had kunnen zijn

voor jou zo stap stap simpel
loop loop hier op hoge benen van verdriet
in je mooiste marteljurkje klik klak
mooi hier voor mij heen
te zingen pijn in wolvenogen simpel
als een wenk niet zwaar niet ver
maar licht zoals jij aarde splijt met wimpers

maar dus niets van al dat zenuwziek gehoopte
gejoepie van jouw aantocht stokkend hart
in keel maar dus eenzaam keel dorst bi ba
bier en hola bola beuzelblaat en blaat maar dus
om eerlijk waar te zijn behoorlijk pissed
en off dat jij voor wie zo stap stap simpel
mij te kwellen

mij niet kwellen komt

DOLORES 12

ik was bijna de moeite waard

want al rammelde ik in voortijdagen gulzend konterfeiter
bentveugelende bambochant van bollend vlees
gaf ik gretig wentelend de kost aan twee ogen
die eenparig jeukten behongerd van meer zien
onder en boven

in het zuidelijk licht van jouw schouwspel
werd ik stil levend wit en glashelder geschilderd
en ik wilde doek zijn van jouw suikerbrood met druiven
lijst van de lekkende likeur van jouw lustige lippen
zoet was je tastbaar en zoet voedsel doet langer merren

maar je deed kubistisch en abstraheerde jezelf
non-figuratief werd conceptueel en kille installatie

en nu sta ik scheefgezakt aquarium met gaten
nutteloos leeggenegeerd op een rotonde in het noorden des lands
doorzichtig en misplaatst hol te hangen en niemand

    niemand gooit een steen door mij heen

dus laten we gaan nu jij en ik met vingers
zilveraren opgegroeid naar beide wangen van liefde
omhooggezomerbriesde lametta paardebloempluizig
waaiend over amalfitaanse heuvelen waar herfst gul is
en van wijn gaan wij dan jij en ik in kleine lippen van wijn
dat dagen duren en alles al maar klassieker wordt
dan brand in mijn haar briljanter wordt
dan de manier waarop jij dat zegt en je zegt
sei un po' eufemistico no?

en je zegt vind je mij niet fucking mooi
en ik zeg sei un po' eufemistica no? en je eet
mijn lippen met wijn en je vingers van amalfi
duren dagen op mijn wangen en ik denk
aan niets dan vingers en lippen en je zegt allora?
en je zegt senti amore laten we ophouden over toekomst
en gaan gewoon naar napels ik en jij ik ken daar een straat
waar niemand mag slapen en haren branden als bruidstaart
en je bent fucking mooi als je dat zegt

dus laten we gaan nu jij en ik over alle heuvels
die jij kunt bedenken want de wijn is gul
we moeten kerst verslapen en lente maken

op elkaars wangen

DOLORES 18

zal ik jou vergelijken
met zenuwgasaanval op doordrekte loopgraven
van mijn rillend wachten en uitgesteld sterven?
verkrampter stuipstaar ik met starre ogen willoos
in de wolk van jouw slopende schoonheid

en meiwind verwaait de wolken en geeft adem aan mannen
als klaproos en achter maskers bestaat behoud
doorweekte brieven arriveren soms en elke avond
hunkert drie minuten kerstmis onder de lantaarn
met lili die zou kunnen bestaan en de avondlucht kiert

maar jouw vergiftigende gratie zal niet waaien
noch vergaste rozendromers ademtocht laten happen
die namen liggen te likken en liefde hopen in fluitende velden
noch zal er bestand zijn tegen jou noch kan leven pochen
dat er in jouw schaduw lopen is wanneer jij neerslaat
in stuiptrekkende letters van overgeven als gewurgde troepen

zolang als ogen staren en geademd wordt
zo lang vergiftigt dit met wolken

van jouw massamoordend mooi dolores zijn

DOLORES 27

zwaanziek zwelgen in elkaars blanke armen van boter
met gedotterde ziel en zalig zeuren als een kind
met vette ogen glimmen tot in het einde van het alfabet
benevelig vervluchtigd tot elkaars bouquet dat ons dronken
duizelt van liefde en het was

    en het was goed dolores

ik schrijf je op want van geen leven
zal ik ooit nog waarder zijn dan nu
wees hier aanwezig afwezig regenend lichaam
van laatst en eerst vervliegen op blad-
zilver zacht vervliegen naar liefde en lichte
handen geef jouw handen en voeten
aan dit vloedlicht het licht van jouw ogen
aan mijn stem jouw stem aan mijn ontstaan
in de zin die jou betekent
fraai bestaat wat naar jou aardt

immer aanwezig weten van onwrikbaar voortaan
wees hier aanwezig en lief lach lach mij alle talen
van het zuiden op de lippen immer aanwezige lippen
op lippen als zwijgen van wezen tot wezen
wees hier aanwezig en wees mijn lippen dat ik spreek
wat onder ons gesproken wordt op stille lippen
en in ogen die baldadig loensen van het nobel zien
en diepzeegroene weten wees hier aanwezig
lief en laat mij jou zeggen en menen
waar bestaat wat jou verbeeldt

er is nog nimmer iets geschreven
en nooit nog heb ik iets gezegd
alles wat bestaat bestaat van jou af aan
en in jouw ogen en met jou als doel
die aanvang en bestemming bent
en van jou af aan zal alles
voor het eerst gebeuren zal de eerste steen
zweven het eerste ware woord klinken
dat ziet dat het goed is en het allereerste gedicht
zal onder jouw naam staan geschreven

AS TIMES GO BY

haar aanwezigheid is een vorm van vermoeden onrust
van vroeger haar aanblik als ze blijkt ze is iets
om op te wachten met bourbon alleen aan de achterste tafel
van the old sam met johnny malone aan de piano
en terwijl je staart naar ijs in de rook as times go by
blijft zij een lege kruk in het spotlight een rimpeling
in het gordijn een showtrap een glinstering in de coulissen

en al leest zij huilend brieven voor de spiegel al eet zij
panisch rozen al heeft zij de chinees laten komen met zijn pijp
en ligt zij wezenloos al smijt zij glazen stuk al kerft zij
de naam van een gangster met glas in haar borsten

ik zal staren naar ijs in rook als times go by en bourbon bestellen
bij davie die weet dat ook hij ergens anders en beter
en wist hij maar waar en ik zal op haar wachten

    you are my if i could only tears in my eyes
    you break my tonight will be heart
    you in my dreams so softly as the moon cries
    you for ever cheek to cheek from the start

pingel mijn pijn jij de pianoman zing mij een lied voor de nacht
wring met je handen mijn kantelen blauw en zing mij de rook
in de ogen snijd met je snaren mijn staren aan repen
klink met je pink op mijn glas
de nacht is helaas nog jong in je lied en je lied
is zo oud als de droesem op fust gist de nadronk van wachten
dus hark met je grepen vergrijp je aan zingen
wat zweeft tussen rook en mijn glas

we drinken een drankje dat eenzaamheid heet
maar het is beter dan eenzaam te drinken

i'm your if i could only be your one and only
i'm your tears in my eyes your name on my lips
i'm in my dreams so if i and so lonely
i'm hopelessly forever on your fingertips

wachten haar op zal ik en waar maar hij wist en
beter en anders ergens hij ook dat weet die davie bij-
bestellen bourbon en by go times als rook in ijs naar staren zal ik

en al leest ze de cosmo in bad al eet ze daghap in kelders
al heeft ze de chinees laten komen en eet ze bami
in een buitenwijk bij sex and the city al smijt ze
glazen stuk al schrijft ze de naam van haar vriendje
op etiketten met kerst

ik zal op haar wachten als in the old sam zal ik roken
staren naar de wind in mijn gordijnen luisteren
naar stilte op mijn trap de lichten dimmen
en ik zal er zijn als zij komt

GLIMSE FUGA KERSENROOD GEDEPONEERD

dit zijn de dagen van hoei waarin varkentjes knorren en mooie
optochten zijn van iedereen die dikke buikjes heeft die glimmen
overal jonge mensen op pony's met funstrings goudvissen draaimolens
glazen met prik en krokodillen zijn lief hebben krullen in de zon
zingen frans met weinig fouten parasollen zwitserse kaas lampionnen
non non rien changer want er zijn lichtjes op de berg
en ik vergeet de vlinders de vlinders gebatikt door een oude chinees
die glimlacht omdat hij wijs is en hij zingt you
you you you heel vaak you you want de perziken zijn rijp
en het varken is lief en van porselein als suikerspin
met een winegum in iedere wang bling bling tout
tout est continué harry belafonte leeft en gedichten
gaan over geluk

zeg maar dat alles jippiedepippie is
maar dat je dan zoiets hebt van hallo

en voor je het weet danst zij te lang met een onbekende
die doe gezond in je hoofd zomaar een vriend is en voor
je het weet zijn er voicemailberichtjespiepjes en zegt zij niet
wie het is maar ze glimlacht heus wel monkelmokkelend
minnig in het holst van haar gedachten en voor je het weet
ontwaar je nog levende schimmen in het holst van haar gedachten
en voor je weet wat je weet geef je ze namen en voor je het weet
kan ze opeens niet meer op dinsdag en voor je het weet zegt een vriend
iets onschuldigs en voor je het weet wordt het van wakkerliggen
bellen in het holst van de nacht nog een keer bellen twintig keer
bellen dat zij daar boos over wordt en pas dagen later terugbelt
en voor je weet wat je weet weet je niets nog meer zeker sta je
op gespleten hoeven trilstokbenig wankelmokkig jezelf
niet langer na te doen en danst zij maar en zij danst maar
en voor je het weet is het speciaalbier uit de wisseltap

dus u wilt nu uw authentiek geluk
romantisch soezen op een groen gazon
nooit meer alleen en alle dagen zon
wij bieden u ons nieuw totaalproduct

de liefde™ puur de zuivelste devotie
de liefde™ die u altijd weer verrast
de liefde™ een gevoel dat bij u past
de liefde™ nu uw eigen topemotie

deze boodschap wordt u aangeboden
door gouda kaarsen durex perfect bed
pathé thalys livera novotel

de nvm ikea avrobode
meer weten? voor de rest van dit sonnet
zie www punt liefde punt nl

dit zijn de dagen van droes waarin parkieten knorren en mooie
braderieën worden gehouden met glimse dingen als kersen
schudden hun buiken overal gezonde jongens en meisjes in karren
met linten skippyballen in push-ups naar de ikea karpers ballengooien
fristi met een rietje en wolven zijn zacht hebben speldjes in hun haar
als lieveheersbeestjes spreken duits met weinig fouten
waaiers smarties wenn ich zum augenblicke sage want in het dal
kringelt rook en ik vergeet de vlinders de vlinders
gekantklost door een jonge brugse die glimlacht omdat zij mooi is
en zij zingt you you you you heel vaak you you want aren
staan te wuiven en de parkiet is van vilt en kleurig als citroenen
die bloeien om je nek met engelse drop op een stapel ei ei ei verweile nur
du bist so schön bing cosby is de baas en alle liedjes
zijn waar

zeg maar dat alles picobelletjes is
maar dat je dan zoiets hebt van oké

en voor je het weet worden er doppen niet op tandpasta gedraaid
en voor je het weet gaat het over tante dini met haar darmkoliek
terwijl het niet eens jouw tante dini is maar je gaat je er nog zorgen
over maken ook en voor je het weet zijn verjaardagen verdubbeld
die je niet had mogen vergeten op de wc en voor je het weet
mogen er geen teennagels in de asbak geen as
in de asbak en roken alleen nog boven zitten er uitroepbetekende
briefjes onder delftsblauwe koelkastmagnetenklompjes op de magnetron-
bakoven en ken je de prijs van wattenstaafjes light
en voor je het weet doe je groetjes sta je was te sorteren
draai je je oude platen alleen nog als zij er niet is
daar komt gourmetten van met de hele familie en voor je het weet
sta je in je centerparcshuisje de lamp uit het plafond van ellende
te rukken dat je dag kan zwaaien met beide handjes naar je handige
oppasoma en voor je weet wat ze weet werk je steeds vaker over
spreekt verder het zwijgen vanzelf als een ochtendblad
en voor je het weet weet je niet meer wat je weet

bericht van importante kennisgeving
voor consumenten van feel-goodproduct
gemarket met garantie op geluk
met merknaam liefde™ als totaalbeleving

tot onze spijt is door een onbekende
constructiefout een zaak geconstateerd
die als defect is uitgeëvalueerd
en die met schade welzijn flink kan schenden

want bij gebruik van het product de liefde™
kan sprake zijn van onvoorziene bij-
verschijnselen als hoofdpijn beven braken

verwardheid koorts behoefte aan meer liefde™
verdriet en zelfmoord daarom dringen wij
met klem aan de consumptie snel te staken

daarom voor jou een echt klassiek sonnet
met veertien regels rijmend als de neten
zo neuken rijmt op kankerlijers eten
en jij op mij en wereld niet op bed

daarom voor jou een echt sonnet dat net
als wij lang uitslaapt in het warme weten
dat elke strofe die wordt toegemeten
blijft rijmen op het rijm dat ons ontzet

en welke volta wat voor kankerlijer
dan ook voor ons in petto denkt te hebben
hij kan de tandjes krijgen met zijn smoel

en wat die hele wereld ook ons beider
verbond voor slotsextet bedenkt we hebben
genoeg aan rijm en laten boel de boel

en alle mooie meisjes van de wereld
waren nog mooier dan de ander
naakt ook en ze begeerden elkaar
maar vooral mij

vooral niemand anders dan mij

want het was allemaal één witte zeilboot
op een grote blauwe zee

en iemand anders deed de administratie
iemand anders deed de belastingen
iemand anders deed alle telefoontjes
en we hadden een schoonmaakster
die je niet zag

en 's nachts als ik in slaap viel
huilden alle mooie meisjes
van ontroering

de maan heeft geen liefde nodig
om te stralen

maar wel de zee
om te stralen

misschien heeft de zee
de maan wel nodig
om te stralen

de zee is niet wijs
de maan is niet wijs

niets is makkelijk

we moeten nog zo veel

we moeten nog zo veel
leren

een steen heeft een kloppend hart

de meester is steen

het warm kloppend hart moet wit zijn
als een verlanglijstje

vogels vliegen voor jou mijn liefste

mijn allerliefste

Songs for Ellen

DURF JIJ? (ALLES IS ROND)

Als ik de dorst drink van het wachten
en de tijd slik die jij morst
als ik de lange lege nachten
leer begraven in mijn borst,

als ik de honger leer verbijten
van jouw veel te verre mond,
als ik de dagen stil zal slijpen
die door zwijgen zijn verstomd,

durf jij me dan te zeggen dat je komt?

Ieder lied is het oudere liedje.
Wat zal zijn, is wat eerder bestond.
Voel je brand in je hart, dan geniet je.
Maar de klok tikt en alles is rond.

Als ik door distels naar je toe kruip
op het brandend pad van grint,
als ik door oerwoud naar je toe sluip,
angstig rillend als een kind,

als ik rivieren overzwem
naar het land waar jij verblijft,
als ik de wilde zeeën tem
op een vlot dat amper drijft,
durf jij me dan te zeggen dat je blijft?

Ieder lied is het oudere liedje.
Wat zal zijn, is wat eerder bestond.
Voel je brand in je hart, dan geniet je.
Maar de klok tikt en alles is rond.

En als je eindelijk zult proeven
wat je niet wist dat bestond,

als jij niets hoeft dan te vertoeven
op de stilte van mijn mond,

als dorst en honger zijn gestild,
niets dan voortaan nog bestaat,
als jij niet meer van mij verschilt,
stilte neerdaalt in de straat,

durf jij me dan te zeggen dat je gaat?

Ieder lied is het oudere liedje.
Wat zal zijn, is wat eerder bestond.
Voel je brand in je hart, dan geniet je.
Maar de klok tikt en alles is rond.

MISSCHIEN

Misschien zal ik een draakje voor je slachten.
Misschien zal ik een meisje voor je zijn.
Misschien zal ik je nachtmerries verzachten.
Misschien zal ik een moeder voor je zijn.

Misschien zal ik je instoppen met zachte,
fluwelen handjes onder koel satijn.
Misschien zal ik tot drie uur op je wachten
als jij een avond zonder mij wilt zijn.

Als jij maar godverdomme weet
dat ik het godverdomme deed
opdat jij godverdomme weet
dat jij van mij bent.

Misschien zul jij je langzaam leren schikken
in alles wat je altijd hebt gewild.
Misschien zal ik als meisje niet meer schrikken
als willen blijkt te wezen wat jij wilt.

Misschien zal ik je wonderlijk verstrikken
in alles wat je nooit nog hebt gewild.
Misschien zal ik je zoetjesaan verstikken
met zachte handjes als een pop van vilt.

Als jij maar godverdomme weet
dat ik het godverdomme deed
opdat jij godverdomme weet
dat jij van mij bent.

Misschien zal ik een ex van jou vermoorden.
Misschien zal ik haar wurgen met een touw.
Misschien zal ik je zeggen dat de woorden
niet kunnen zeggen dat ik van je hou.

Misschien zal ik in verre barre oorden
gevangen en gemarteld zijn om jou.
Misschien zal ik bekend staan als gestoorde
en bange vrouw die zei: ik hou van jou.

Als jij maar godverdomme weet
dat ik het godverdomme deed
opdat jij godverdomme weet
dat jij van mij bent.

KORTOM WAT IK MAAR WOU ZEGGEN

Op een ochtend werd ik wakker
want de zon scheen door de ramen
en ik zag het zoals jij het zag.

Jij zou zeggen dat ik straalde
als een gouden lijf in zilver
en ik zag het zoals jij het zag.

Koper glansde op mijn dijen
waar het dekbed was verschoven
en ik zag het zoals jij het zag.

Kortom, wat ik maar wou zeggen:
het was best een mooie ochtend
en ik wou dat jij hier naast me lag.

O lieverd, o sukkel,
ik ben ook niet echt heel erg kwaad.
O lieverd, o sukkel,
ik hoop dat het slecht met je gaat.

En toen maakte ik ontbijtje
met wat toast en jus en eitjes
en ik deed het zoals jij het deed.

Jij zou zeggen dat een eitje
met een mes onthoofd moet worden,
dus ik deed dat zoals jij het deed.

En toen waste ik mijn bordje,
veegde kruimels op mijn handen
en ik deed het zoals jij het deed.

Kortom, wat ik maar wou zeggen:
het was best een fijne ochtend.
Denk maar niet dat ik je ooit vergeet.

O lieverd, o sukkel,
ik ben ook niet echt heel erg kwaad.
O lieverd, o sukkel,
ik hoop dat het slecht met je gaat.

Heel veel later was het avond,
toen ik eenzaam terug naar huis kwam.
Maar ik deed net alsof jij er was.

Ik wou huilprogramma's kijken
op de commerciële zenders,
maar ik deed net alsof jij er was.

Dus toen ging ik maar weer slapen,
hoopte dat je niet zou snurken,
want ik deed net alsof jij er was.
Kortom, wat ik maar wou zeggen:
ik had best een lekker dagje,
ook al deed ik alsof jij er was.

O lieverd, o sukkel,
ik ben ook niet echt heel erg kwaad.
O lieverd, o sukkel,
ik hoop dat het slecht met je gaat.

NOG NOOIT

Ik heb nog nooit tot iets gebeden,
totdat de vliegen mij omringden.
Ik heb nog nooit naar iets gezocht,
tot ik het nergens meer kon vinden.

Ik heb nog nooit een vriend gehad,
tot hij er plotseling niet was.
Ik heb nog nooit een barst gezien,
behalve in mijn lege glas.

Ik wist niet wat de ochtend was,
tot ik de nacht aan flarden zong.
Ik wist niet wat de koelte was,
totdat ik brandde in de zon.

Ik heb nog nooit een taal gesproken,
totdat ik niets meer zeggen kon.
Ik wist niet wat het einde was,
totdat het eindelijk begon.

Ik heb nog nooit de dag gezien,
totdat ik in je ogen keek.
Ik heb mezelf nog nooit gekend,
tot ik dacht dat je op me leek.

Ik heb de zee nog nooit gezien,
totdat ik dorst kreeg van de duinen.
Ik heb nog nooit de weg gekend,
totdat ik eindeloos kon struinen.

Ik heb nog nooit iets echts gedaan,
tot ik begreep dat ik niets deed.
Ik heb nog nooit mijn pijn gevoeld,
totdat ik nergens meer aan leed.

Ik heb de mens nog nooit begrepen,
tot ik me voelde als een dier.
Ik heb nog nooit zo'n dorst gehad
als toen ik kotste in mijn bier.

Ik ben nog nooit zo hoog gevlogen
als toen ik hopeloos was verzand.
Ik ben nog nooit zo bang geweest
als toen ik eindelijk was geland.

Ik heb nog nooit de dag gezien,
totdat ik in je ogen keek.
Ik heb mezelf nog nooit gekend,
tot ik dacht dat je op me leek.

IK MOET NOG ZOVEEL

En buiten is het winter. Het is pijnlijk koud.
Er wordt wanhopig bier besteld. Geen mens is blij.
Het is al laat. De klok is stout. De grap is oud.
En iedereen komt door de deur behalve jij.

Ik moet nog zoveel leren te verdragen,
zoals bijvoorbeeld dat je ergens bent
en ik met zonder vrienden ongekend
te hopen zit dat jij nog op komt dagen.

Ik moet nog zoveel leren te begrijpen,
zoals bijvoorbeeld dat je van me houdt
als jij niet belt of komt en mij beschouwt
als iets dat jij ook morgen nog kunt grijpen.

Ik moet nog zoveel leren te bevatten,
zoals bijvoorbeeld dat je nu niet komt
en dat ik niet mag hopen dat je komt
als ik me in je kroeg zit te bezatten.

Ik moet nog zoveel leren accepteren,
zoals dat jij je eigen leven hebt,
zoals dat jij je eigen leven hebt.
Je hebt gelijk: ik moet nog zoveel leren.

En buiten is het winter. Het is pijnlijk koud.
Er wordt wanhopig bier besteld. Geen mens is blij.
Het is al laat. De klok is stout. De grap is oud.
En iedereen komt door de deur behalve jij.

ALS IK DE KONINGIN VAN FRANKRIJK WAS

Als ik de koningin van Frankrijk was,
dan droeg ik duizend jurken op een dag
en wuifde ik zolang tot jij me zag,
jij met je rode revolutionaire das,
als ik de koningin van Frankrijk was.

Als ik de koningin van Frankrijk was,
dan deed ik al mijn duizend jurken uit
en werd ik heel royaal je rijke bruid
en werd je in mijn handen zacht als was,
als ik de koningin van Frankrijk was.

Je rookt met je vrienden in stinkende kroegen,
met meningen, standpunten, diep in de nacht.
Wanneer ik me soms bij jullie wil voegen,
dan lach je me uit, omdat iedereen lacht.

Als ik de koningin van Frankrijk was,
verbood ik jou met al je dronken vrienden,
die jouw gezelschap nergens mee verdienden,
dan brak ik eigenhandig ieder glas,
als ik de koningin van Frankrijk was.

Als ik de koningin van Frankrijk was,
vermoordde ik je vrienden allemaal,
dan spieste ik je hoofdje op een paal,
opdat je stil en rustig bij me was,
als ik de koningin van Frankrijk was.

TESTAMENT

Dit lied gaat over jou. Dus hou je vast.
Ik zing wat ik nog nooit heb durven zeggen.
Ik ben ook blij, want liefde was een last
voor jou, dat hoef ik jou niet uit te leggen.

Je bent mijn poepie-lieverdje van stront,
mijn klotelul van wie ik heel erg houd.
Nu trippel ik als slettebakje rond.
Nu wil ik je niet zien, althans niet gauw.

En altijd was ik bang om jou te zien,
omdat wat jij verwacht van mij te veel is.
En altijd was ik blij om jou te zien,
omdat niet alles altijd rationeel is.

En praten, praten, praten, altijd praten,
totdat ik er een droge keel van kreeg
en jij ook en we dronken en we zaten
tot iemand automatisch woedend zweeg.

Je bent mijn schatje dat ik wil vermoorden,
mijn stomme honnepon. Ik lust je rauw.
Nu doe ik iets wat ik niet zal verwoorden.
Nu wil ik je niet zien, althans niet gauw.

En altijd was ik bang om jou te zien,
omdat wat jij verwacht van mij te veel is.
En altijd was ik blij om jou te zien,
omdat niet alles altijd rationeel is.

Dit lied gaat over jou. Dus huil maar lekker.
Besef maar jankend wat je hebt verpest.
Je gaat kapot. Je baalt nu als een stekker.
Ik vind het goed. En beter. Het is best.

Na al die tijd heb ik mezelf ontdekt.
In al die handen voel ik mij weer vrouw.
Dus bel me niet meer als je kraantje lekt.
Dus sms me snel. Ik hou van jou.

En altijd was ik bang om jou te zien,
omdat wat jij verwacht van mij te veel is.
En altijd was ik blij om jou te zien,
omdat niet alles altijd rationeel is.

NOEM HET MAAR LIEFDE

Hoe noem je het als iemand zuchtend smacht
en almaar van de maneschijn blijft dromen?
Hoe noem je het als iemand naar je lacht
en jij de plee in rent om klaar te komen?

Hoe noem je het als iemand lief en zacht
een einde maakt aan al je angstsyndromen?
Hoe noem je het als iemand onverwacht
ontlasting in je open mond laat stromen?

Noem het maar, noem het maar,
noem het maar, noem het maar
liefde.

Het zijn natuurlijk slechts een paar hormonen,
gekoppeld aan een voortplantingsinstinct.
Het zou veel efficiënter zijn te klonen:
dan is ook dat probleem weer afgevinkt.

We zouden met de liefde beter kappen,
maar anderzijds zou dat toch zonde zijn,
want dat gehannes met die lichaamssappen
zorgt voor een hoop hoogst amusant chagrijn.

Hoe noem je het als iemand op een nacht
ontdekt dat iemand danst in al zijn dromen?
Hoe noem je het als iemand op je wacht
met stevig touw onder de hoge bomen?

Hoe noem je het als iemand pijn verzacht
en jou je eenzaamheid heeft afgenomen?
Hoe noem je het als iemand weldoordacht
een zweepje op je billen neer doet komen?

Noem het maar, noem het maar,
noem het maar, noem het maar
liefde.

Uit: *Giro giro tondo. Een obsessie*

Ik wist je naam niet, wilde die niet weten.
Ik had veel liedjes over jou gehoord.
Bezeten zangers hadden jou verwoord.
Met lipstickrode namen kon je heten.

Met bubbelgum had ik je opgeplakt
waar jongensbedjes overgaan in dromen.
Je leunde, zat en lag met vormen loom en
herkenbaar. Laarzen glommen wreed gelakt.

Nu denk ik bij elk liedje nog aan jou
en alle namen die je hebt versleten.
In dupliceerbaarheid was jij me trouw.

Ik kon je tellen, kon je maten meten
en dacht niet dat je ooit ontsnappen zou.
Op elke website wist ik jou te heten.

Hoewel ik nergens op je hopen mocht,
liep ik op zatte voeten langs de grachten
om voor een deur een uur op jou te wachten
alsof ik had gevonden wat ik zocht.

Passanten zagen mij daar pikzwart staan,
terwijl ik dacht hoe jij me zou herkennen.
Ook ik zou even aan je moeten wennen,
maar dan begon het hoofdstuk van bestaan.

Ik zou je onder lissen laten gluren
en wat ik had bedacht, had jij gezegd.
We zouden naar de bange vissen turen.

Een zachte hand kwam op een hand terecht.
Zo stelde ik me voor dat jij zou duren.
Toen ik je vond, was jij verrassend echt.

Je maakte lange vingers van gedachten,
terwijl je cakedeeg door mijn haren deed
en suiker over domme zorgen smeet
om mij met mascarpone te verzachten.

Je kokkerelde mij weer voor elkaar
met huisgemaakte liefde. Als een prakje
dat opgewarmd best doorgaat voor gebakje,
bestreek je mij met room in elk gebaar.

Problemen kwamen toen we het menu
uiteindelijk dan toch ter sprake brachten.
Je wilde wat ik ooit misschien, niet nu.

Je spuugde dat je wel van mij verwachtte.
Toen formuleerde ik een paraplu.
Je vlocht mijn woorden tot een strik. Je lachte.

Al had ik volgens mij niets raars gezegd,
was jij geërgerd. Jij wilde ontbijten.
Je strooide crackers onder met verwijten,
totdat er echt iets misging, maar dan echt.

Er ging nog net geen strijkbout door het raam.
De vaas van oma wankelde vervaarlijk.
Het stille mes werd bijna nog gevaarlijk.
Maar jij verbeet mijn staren, ik je naam.

Ik had je net iets meer als mij verzonnen,
als wie mijn surreële dromen deelt
en midscheeps rum rolt in beslagen tonnen.

Wat liefde heet te heten, is wat scheelt
aan wat er is nadat het is begonnen.
We scheppen wie ons liefheeft naar ons beeld.

Op marktplaatsen heb ik naar jou gezocht.
Ik wist je naam niet, wilde die niet weten.
Op elke website wist ik jou te heten,
hoewel ik nergens op je hopen mocht.

Toen ik je vond, was jij verrassend echt.
Je maakte lange vingers van gedachten.
Je vlocht mijn woorden tot een strik. Je lachte,
al had ik volgens mij niets raars gezegd.

We scheppen wie ons liefheeft naar ons beeld.
In wolken valt een wereldrijk te winnen.
Bestaan is een illusie die je steelt.

Ik kan je slechts als fantasie beminnen.
En op een blanke bladzij die vergeelt
wil ik je weer als een gemis verzinnen.

Uit: *Idyllen*

12

Want mijn relatie met de liefde is altijd
wat ambigu geweest. De liefde wil op tijd
naar bed. Misschien had ik te veel van haar verwacht.
Voor mij is elke nieuwe nacht een nieuwe nacht
waarin een avontuur uit wanhoop valt te schrapen.
De liefde is een zalf. Een dichter mag niet slapen.
De liefde vindt dit alles uiterst ongezond.
Haar klacht heeft ook een wetenschappelijke grond,
citeert de noten van de studies die ik ken.
Het valt bij god niet goed te praten hoe ik ben.
Maar toch wil ik de liefde naakt en bang beminnen.
De ochtend na de nacht wil ik opnieuw beginnen.
Leg al je tieten even in de keukenkast.
Ik zal ze morgen heus wel vinden. Houd me vast.
Ik heb je nodig, ook al lijkt dat nu niet zo.
Vertel me dat we liggen in het warme stro
en dat de wolken eenden dan wel herders zijn
of Scandinavië en dat de warme wijn
steeds stroperiger door je witte tenen vloeit
op kale rotsen waar je als een distel groeit.
Muziek! De installatie is niet aangesloten.
De brandweer heeft de stroom uit voorzorg afgesloten.
Het is bij de autoriteiten wel bekend
dat jij gevaarlijk voor de oude liedjes bent.
En ieder weet dat nieuwe teksten niet bestaan.
Het gaat waarover alles altijd is gegaan.
Wat is en zijn zal, is wat eerder al bestond.
De klok tikt op de schouw en alles is weer rond.
Want mijn relatie met de liefde is altijd
gelijk geweest. Je raakt haar al bij voorbaat kwijt.
Je mag als doodgeknuffeld monster opgezet
jezelf staan na te pronken op haar klein buffet,
waar zij haar oorbellen en poezenplaatjes legt
en wat je zegt, is niet wat zij wil dat je zegt.
En aaibaarheid is een eenzijdig fenomeen.

Ze scheert je harnas, zwachtelt je van top tot teen
in schuld en series die ze zelf heeft uitgezocht,
waarin gevoelens zijn die zij ook heeft gekocht
met haar vriendin, met wie ze al haar waarheid deelt,
alvorens het gebeuren kan dat zij je streelt.
Je paarden bloeden dood aan drooggevallen bronnen.
Je mannen dachten dat de oorlog was gewonnen.
Je was een god. De hand die al je wonden heelt,
heeft al je zekerheid herschapen naar haar beeld.

16

Wat ik je eerder eigenlijk had willen zeggen,
voordat je met een cynisch fronsje het beleg en
beschietingen beëindigde, je haar opstak,
de tasjes samenpropte in een plastic zak,
het bandje van je hemdje op je schouder hees,
de halve rekening voldeed, een vlek aanwees
op mijn colbertje, met een zucht de aftocht blies
in ongebutst kuras, als een verkilde bries
voorbijgleed, mij als radeloos ontvolkt gehucht
kapotgeschoten achterliet, met nog een zucht
nog één keer naar me keek als naar een zielig ding,
je wenkbrauw optrok, klakte met je tong en ging,
was niet 'ik houd van jou'. Dat had ik al gezegd.
Er wordt een zingend hoofd uit blubber opgedregd.
Een vette paling kruipt uit een van beide oren,
want wie niet voelen wil, die moet maar weer eens horen.
En wat het zingt, hoor ik dat vrouwenhanden zijn
die zinderend als groene dromen, zacht als pijn,
het bleke lijf uit vel en zwarte kleren rukken
als groupies die waanzinnig aan de sterren plukken.
Het is een simpel lied van stukgeschoten woorden
op steeds dezelfde drie ontploffende akkoorden.
Geloof en hoop en liefde. Steeds weer deze drie
die alle drie precies hetzelfde klinken. Wie
zijn wezen uitbesteedt, verzint een ander wezen.
En ieder die bestaat, wil van bestaan genezen.
Dus schep je een geliefde naar je eigen beeld
en zorg je dat ze daarop lijken gaat. Je veelt
het ondermaanse als haar eredienst en bidt
omdat het om het bidden was te doen. En dit
heet dan geluk. Het is projectie van gemis
op iemand die voornamelijk een ander is.
Tot zover hebben dieren ademloos geluisterd.
De drukke vogels zitten aan het scherm gekluisterd.
De aap zit met zijn neus tegen het glas gedrukt.

Geen leeuw die nu nog geeuwt. En de giraffe bukt
om in de circustent de stenen te zien zweven.
En ik tik op de microfoon. 'Dus. Heeft u even?
Er is...' Ik kuch. 'Er is een lied dat komt en gaat
dat wie zijn hart... pardon... verliest, zijn vrijheid laat.
Ik ben de speelman dankbaar dat ik dat lied ken.
Ik ben mij evengoed als ik mezelf niet ben.'
Geen vleugel klappert. Klauwtjes gaan niet op elkaar.
Als zelfs de dieren stil zijn, is dat een gebaar.
De geur van blonde prooi daalt neer in de vallei
als duisternis en ik krijg jeuk aan mijn gewei.
Als jij me zoekt, lig ik onder de maretak
te tellen hoeveel blonde polsjes ik ooit brak
totdat de furieuze groene dromen komen
van bloedhonden die grommen achter jonge bomen
in pisgeel bos. Want wat ik jou nog zeggen wou
voordat je as afklopte van mijn vette mouw,
hoofdschuddend zuchtte dat ik zo romantisch was,
je fietssleutels dan toch kon vinden in je tas,
die al bij voorbaat volgepropt was met verwijten,
verrotte vis, pleidooien, glimlach en de feiten,
nog één keer naar me keek als naar een soort van ding,
op tien gelakte teentjes roze deed en ging,
is 'sorry'. Ik voldoe niet aan je beeld van mij.
Je wilt me niet. Je wilt wie beter lijkt op mij.
Rivieren kraken. Jij hebt mij verkeerd verzonnen.
Stroomopwaarts springen zalmen naar de blinde zonnen
de netten in van luie vissers met hun koppen
van pruimtabak en crêpepapier die dochters schoppen
en binnenkort op zee bij donkergroene mist
een zingend hoofdje zullen hebben opgevist.

19

Exquis verwen ik zelf je body pangrammatisch,
als jij me alle letters tekent en dramatisch
je zinderende zinnen lekt op mijn papier.
Zo jij me jou beschrijven laat, zo ben je hier
en proef ik jou volmondig als een alfabet
en kwijl ik inkt op witte lakens van mijn bed.
Ik weet dat jij het sexy vindt om, als ik schrijf,
als dier op de divan te liggen met je lijf
in ponnetjes van poezenbont met luie benen
die schaamteloos zijn neergelegd als blote benen
in volrijm en je distichon te prangen ligt,
vol in mijn zicht, als een te goed bedacht gedicht.
Om dat gedicht in al zijn volheid in te lijven
moet ik je hele lijf van top tot teen herschrijven.
En panisch hamer ik op alle toetsen, één
voor één. Terwijl ik qwerty, herschik jij een been.
De schrijfmachine mijmert gekkenpraat. Er staat
niet wat er staat, want wat geschreven staat, dat gaat
over een stoomtrein die zijn luie knie verheft,
omdat hij zich de verten heugt en heeft beseft
dat te veel rozen welken op de Kerkhoflaan.
Verlangen om te gaan heeft altijd al bestaan.
De dichter zocht een naaktmodel, maar vond een reis-
genoot en brandt bestemming in het witte ijs.
Omdat je schoonschrift mij beroofd van al mijn zinnen,
moet ik je met gestolen woordenschat beminnen
als een piraat die buitengaats met holle zeilen
belofte najaagt van een smeltend, druipend kwijlen.
De verte trekt. Niet zeggen hoe de verte trekt.
Niet zeggen hoe je springstof in mijn leegte lekt.
Als ik je lichaam had en spiegels, was ik geil
als inkt lekt uit een vulpen, bloed lekt van een bijl,
bestemming lekt als zweet van kruiers in de stoom.
En al die tijd lig jij te liggen, lui en loom
als poesje op de toetsen van mijn toetsenbord.

Wat zou je later willen worden? Ik? Ik word
een wassen beeld van wie ik ben, een stuk karton
met perforatie dat de eersteklaswagon
voor mij ontsluit, een lange naam om bij te knikken,
gekoelde witte wijn om gulzig door te slikken
en om de zoveel tijd een pauwenveer. En jij?
Word jij ambassadrice in de woestenij,
waar jij diplomatiek onschendbaar staat op hakken,
terwijl de strijders al je hoge laarzen lakken?
Ik zou het zand van je verhitte zolen blazen.
Terwijl je ambtsberichten opstuurt naar je bazen,
zal ik me op je bankje naakt te rusten leggen.
En als je typt, zal ik een slapend been verleggen
in volrijm op je toetsenbord. Ik droom een kat,
terwijl mortieren inslaan in de binnenstad.

26

Ik hang de druiven op. Ik giet de wijn erin.
Voorzichtig één voor één vul ik ze met hun zin
die in de grond zal zingen waar ze in verdwijnen.
Ik plak het vlees aaneen tot dieren weer verschijnen
die loeiend uit het slachthuis naar de weide snellen,
waar zij steeds aaibaarder, steeds strakker in hun vellen,
de boterbloemen planten met hun gulle monden
en leven voor het stelpen van hun moeders wonden.
Met planken richt ik bomen op. Hun kruin zal ruisen
van vers ontbraden vogels die daar zingend druisen
om terug te kruipen in een rond en glimmend ei.
Ik repareer het venster met een zware kei,
bouw steden uit ruïnes met een paar kanonnen
die projectielen slikken met hun loop. Ontgonnen
gebieden maak ik onontgonnen. Verre landen
zie ik verlaten worden op hun blanke stranden
door reizigers die kruizen uit de aarde trekken
en op galjoenen achterwaarts voorgoed vertrekken,
gezogen door de wind, gebrand om te vergeten,
waardoor de wereld groeit met almaar minder weten.
En elke nacht ontwaak ik dronken van plezier
wanneer de feesten zijn waar wijn ontstaat en bier
uit gulle kelen die steeds helderder gaan praten
totdat ik in het middaglicht door volle straten
met knipperende ogen naar mijn huis toe loop
en brak en misselijk ga slapen in de hoop
dat gisteren opnieuw een mooie dag zal zijn
voor vrolijk braken van miljoenen liters wijn.
Ik ben bevoorrecht. Dat besef ik heel erg goed.
Waar mensen moeten, is er weinig wat ik moet.
Ze stoppen drollen terug in baby's. Elke dag
gaan zij verplicht naar winkels om een groot bedrag
aan euro's af te halen. En er zijn geen banen
om al dat geld aan uit te geven. Onderdanen
van de productiemaatschappij zijn zij. Maar blij

ben ik dat ik mijn passie volgen kan en vrij
ben om mijn eigen poëzie met wit te schrijven,
met een vasthoudendheid die zeker zal beklijven
nauwkeurig over alle zwarte letters heen
totdat er niets meer staat, geen twijfels meer en geen
verdriet. Hondsmoeilijk is het. Soms doe ik niet meer
dan zes of zeven regels op een dag. Ik leer
om te doseren. Af en toe lukt het heel goed.
Dan straalt het ongeschonden wit mij tegemoet
als blanke pagina waar alles kan gebeuren.
En zo precies, mijn lief, tracht ik je zoete geuren
te snuiten uit mijn neus, je handen terug te draaien
die als een koorts nog altijd op mijn slapen laaien.
Zoals ik vruchten maak uit stukgekookte borden
en traag stroomopwaarts drijven de barbaarse horden,
zoals ik liederen met toetsen kan verstommen
en schitterende steden bouw met zware bommen,
zo wou ik dat ik jou pas morgen had ontmoet
en alles wat ooit fout ging, ging dan zeker goed.

31

Ik heb haar laatst gezien. Het vliegveld van Parijs
was waar mijn korte reis zich kruiste met haar reis.
Ze sprak me aan met vormen in haar spijkerbroek
als zweepslagen van jugendstil en met haar look
van olala, ik ben hier veel te licht gekleed.
Ze prangde over heel de tafel, schouderbreed
ontbloot, om vuur te zuigen dat ik haar kon geven.
Ze heette Juliette, maar dat was om het even.
Belangrijker dan wie ze was, was het toilet,
waar ik haar eenzaam heb vereerd in een gebed
terwijl er verre vluchten werden omgeroepen.
De zilte touwen knarsten van verlaten sloepen
die wiegden in de haven op hun oude namen,
verweerd als iets om zich in stilte voor te schamen.
De netten van de vissers dropen van verdriet.
Ik had haar al door kieren van het luik bespied.
Ze morste vormen uit haar luchtige peignoir
en elk gebaar van haar was voor me een gebaar
waarnaar ik staarde als naar zeldzaam noorderlicht
dat ik verlangde naar de naam van haar gezicht.
Ze heette Julia, maar dat was om het even.
Belangrijker dan dat was dat ik zeer bedreven
geraakt ben om haar op te zeggen uit mijn hoofd,
haar beide benen af kon tellen en geloofd
heb dat ze achter luie luiken lag te wachten
en dat ze door de kieren stiekem naar me lachte.
De touwen rafelden. Het anker beet zich vrij.
De zwarte wind stak op. Het schip had averij.
Plankieren kraakten 's nachts in alle eenzaamheid.
De tijd was wassend tij, en zwaar weer was de tijd.
Zo zag ik dat het koper glansde op haar dijen,
omspoeld door dekbed als een beek vol ronde keien
in ochtendlicht. De dag beloofde warm te zijn.
Terrassen werden uitgevouwen op het plein.
Haar geeuwen was van leeuw, van luipaard haar verborgen

bestaan in hoge halmen van de vroege morgen.
Ze likte met haar nagels aan gespleten gras.
Mijn hoeven rilden, wilden weten wie ze was.
Haar naam was Giulia, maar dat was om het even.
Ik kon ook heel goed met de zachte afdruk leven
die zij had nagelaten in een ver, wit bed
waaronder ik in dozen alles had gezet
wat naar verlangen hunkerde als wit papier.
Het zwarte zeewier spoelde om de oude pier.
Het water steeg als inkt naar stille, bleke stranden
waar een besmeurde kokmeeuw krijsend zich vermande
met al zijn vingers wijd gespreid uit angst voor aarde.
Ik heb gezien hoe zij net deed of zij gebaarde,
daar in de Student Union, naar een vloer die plakte
van al haar roodgelakte en haar hooggehakte
beschikbaarheid met tieten vol van Engels bier.
Ze was een ruimschoots kotsend, bleekgeblakerd dier
dat fantasie vermaalde tussen harde handen
en mij achter de buxushagen deed belanden
waar zij zich toen heeft doorgespoeld als een bedreven
afwateringbedrijf. Haar naam was om het even.
Ze heette Juliet. Ze was een vol toilet.
Verstikt door vloed had ik niet op de eb gelet.
Terwijl de sloepen kraakten, liep ik langs de haven
op drooggevallen kiezels. Uit de zeemansgraven
kroop een herinnering als grauwend schuim aan wal.
Wat ooit een kwelling was, was nu een dode kwal.
Ik liep de nieuwe stad in langs de buxushagen
en ging expres verkeerd om naar de weg te vragen,
of naar de juiste tijd. Dat was me om het even.
Het was belangrijker om naast mezelf te leven
als iemand met precies dezelfde naam als ik,
die bij zijn eigen schaduw vrijkwam met de schrik.
Ik was het maar. Was ik het maar. Was het maar waar
dat ik mijn duister evenbeeld nog evenaar.
Wat 's ochtends hijgend hangt aan al ons hoge moeten,
doemt 's avonds vóór ons op om ons weer te ontmoeten

wanneer we niet meer blindelings de zon bestormen,
maar zon van achter onze rug de rode vormen
in kwijnend strijklicht helderder laat zien dan ooit.
Ik heb mijn rust aan zo veel Julia's vergooid.
Begeren is uitputtend. Het is werk. Het leidt
langs nachtelijke straten vol met eenzaamheid,
waarin er door geloken luiken moet gegluurd
om wederom te hopen dat het langer duurt
dan een lang weekend vloeistof lekken in Parijs
of vlekken in een ranzig laken als bewijs
dat het nog niet te laat is en dat het bestaat
dat iemand met haar benen wijd mijn taal verstaat,
waarin ik niets te zeggen heb dan dat ze moet
bevestigen dat iets van mij er nog toe doet.
De nieuwe stad was uitgestorven op dit uur.
Ik was verdwaald. Een klok sloeg. Niemand vroeg me vuur.
De rolluiken van winkels waren neergelaten.
Reclamefolders waaiden door de rechte straten.
De hoop op zilte havens lag ver achter mij.
Verweerde namen kantelden zich op hun zij.
Ik droeg mijn kruis niet langer als een dwingend kruis.
Ik zocht een vrouw die mij een handje hielp in huis.

43

En wat als wij de namen van de liefde niet
benoemen, lief, die waterdicht als een vergiet
vergeet-me-niet besprenkelen met zekerheid
die weglekt in de aarde? Want er is nog tijd
om over bloedplassen te stappen en de nacht
te hullen in een glitterjurk en vossenvacht
om als een diamant geslepen te bestaan
voorbij de stegen met een naam en niet te gaan
voordat kristallen glazen van het toosten breken.
Hoevelen zijn gesneuveld bij voortijdig spreken
van Londen of Parijs? Zo laat ons sneuvelen
voorbij nabije, kalme, groene heuvelen
waar klokken beieren op de gestage uren
en wat gebeurt, gebeurt in ogen van de buren.
Want wat als wij niet zeggen hoe we samen heten
en glimmend als een zilveren bestek niet weten
wat ons op het souper zal worden opgediend
door onze minnaar, man, verloofde, goede vriend
of bondgenoot? De violist zucht op zijn snaren,
de boter smelt en wij vertragen de gebaren
van onze stille handen. Er is zo veel tijd
voor alles wat veel later komt, zoals de spijt
dat alles wat we hoopten, eerder is geweest.
Maar wees niet bang, mijn lief, want ik weet wat je vreest.
En bij het koud buffet zullen de vrouwen staan
met meningen die reppen over Titiaan.
Ik ben hier ook nog nooit geweest. De tongen klakken,
want jij bent onvertaalbaar op je hoge hakken
in deze nieuwe nacht. We zullen dood papier
uit onze volle zakken schudden. Ieder dier
begrijpt wat het moet doen, en weet niet hoe het heet.
Zo gaan we nu dan, jij en ik, als ons verkleed
naar waar ze ons niet kennen en de tafels draaien.
De nacht is aangezegd. De warre uren waaien.
Een mes knipt als het flitslicht van een paparazzo.

De ornamenten van een middeleeuws palazzo
verbrijzelen op kinderhoofdjes vóór je voeten.
Gerimpelde gedaanten die in vuilnis wroeten
op zoek naar iets wat nog een beetje leeft, een rat
die knaagt aan rotte ingewanden van de stad
die grimmelt als een doos insecten in de oven,
de dokters die niet snijden maar die toch verdoven
een bloedend uitgeslagen tand op het trottoir -
dit alles is, wanneer we lachen, geen gevaar.
En minder nog dat wij elkaar verliezen. Kiezen
is meestal al gekozen hebben en verliezen
is voor wie met valiezen naar een naam toe rijdt
die was bedacht als eindstation. Er is nog tijd
om oorbellen van poezenbont te laten kleuren
bij parelmoer van oesterlak, exquise geuren
en deze cocktaildress van vlinders die nog leven
en in het strijklicht op je heupen trillend beven.
En bij het koud buffet zullen de vrouwen staan
met meningen die reppen over Titiaan.
Dus laat ons gaan nu, jij en ik, terwijl de nacht
als een verwarde crimineel wordt opgebracht.
Fabrieken wasemen een gelig soort vandaag
dat op de longen slaat als antwoord op een vraag
en neerdaalt in de wijken waar men heel goed weet
hoe men een tuinslang oprolt en hoe liefde heet.
De buren kijken achter hun beslagen ramen
hoe wij nooit zijn gekomen, zonder onze namen.

Uit: *Nieuwe idyllen*

54

Je weet niet hoe geraffineerd de meisjes zijn.
Ze staan getekend met een tergend klare lijn
als steeltjes warme wijn op licht verhoogde poten
waarbij ze iets met zorg erg onbedekts ontbloten
als stille kousen in de knipoog van een jas,
alsof het elke avond ronduit avond was.
Ik kijk naar ogen en verzin er nachten bij
in zwartfluwelen heuvels, hijgend zij aan zij,
waarbij een vleermuis fladdert als de drie gedachten,
waarvan er minstens één verboden wordt geacht en
verwijtbaar in de tijd waarin een man geen man
meer zijn mag. Maar haar ogen kijken. Zeg het dan.
Ik kijk naar ogen en verzin er morgens bij
in witsatijnen heuvels, zij aan zachte zij,
waarboven krekels kraken als een schuldgevoel
dat geil maakt als een vinger op je trekker, koel,
zo apekoel. Verzin maar niets meer, want haar ogen
zijn netjes op je nachtkastje gelegd. Ze mogen
gespreide dijen aanzien als de film die jou
bekruipt als jij de ogen ziet van zo'n soort vrouw.
Hoe moet je haar benaderen? Dat is de vraag.
Begin je over de insecten in je maag
en ga je heel je naakte fantasie ontbloten?
De harde schaamteloosheid zit je als gegoten.
De vleermuis eet insecten. Ziende is de nacht.
Begeestering is man. Gevoel wordt opgebracht.
Toen men een slim specimen van een apenras
geleerd had met een kwast te tekenen, toen was
het eerste wat hij tekende de tralies van
zijn kooi. De oudste schilderingen van de man
zijn prooi. Hij hangt zijn muren vol met pin-ups, bouwt
zijn eigen cel, waar hij scenario's herkauwt,
en hij betreurt het denken dat zich met gevoel
vermengt als spiegels met zijn afgetrokken smoel.
Mooi is een aap voor kindjes, altijd mooi. De wind

waait op de derde dag voorbij het afzetlint.
In schijnsel van de zwaailichten blinkt wat men heeft
ontbloot. De kans op wroeging is waarvoor men leeft.
Dus zeg het dan. De kans bestaat dat zij precies
als jij is, niets te winnen heeft dan het verlies
van strakke kleren, waardigheid en lichaamssappen,
haar adem van aanstaand gehijg niet kan behappen
en zich bij voorbaat vingert bij een beurs vermoeden
dat vingers die zich krommen jouw insecten voeden
als in de film die jou de hele tijd bedruipt.
Je wilt niet dat er rationaliteit in sluipt.
Dan zou de nacht verloren zijn en daarna ook
de trekker en de loop, de koele zwarte rook,
de man die er zou kunnen opstaan en de droom
van openbare brandstapels waarop de schroom
in vlammen opgaat die de natte hemel likken.
Dus zeg het dan. Zo'n meisje zal er niet van schrikken
als jij haar dit gedicht voorleest en deze regels,
als een soort spaarkaart volgeplakt met kortingszegels,
voor haar huidkleurig perenhuidje in wil ruilen.
Geef haar desnoods een naam waarachter je kunt schuilen,
bijvoorbeeld Julia. Je noemt haar toch wel zo
zodra je af zult meren onder zeeniveau
waar zilte heugenis aan schipbreuk ligt te rijpen.
Er valt gewoon ook echt steeds minder te begrijpen.
Mangrovewouden vol met drassige effecten
van oorzaken verschijnen als een opgewekte
stronk broccoli wanneer je alles overstijgt
en niet meer naar de kern van zure wortels neigt.
We dwalen af. Want de giraffemeisjes draaien
er met hun hooggelakte blikken en hun fraaie
profielfoto's op nekken ook niet echt omheen.
Je neus gaat lopen van een stukje vrouwenbeen.
Je trilt alsof je griep hebt. Zweet staat op je rug.
Je denkt je ziekte uit te zieken door zo vlug
als mogelijk te concluderen dat je on-
geneesbaar bent en door de koorts die jij verzon

met een verhit scenario nog op te poken,
totdat de oertijd weer opnieuw is aangebroken
en in moerassen zelfs de oude blubber brandt.
Als jij haar dit gedicht laat lezen van je hand,
zal zij je handen voelen op haar rijmend lijf.
Het strakke metrum van haar maten maakt je stijf.
Dus waarom wacht je? Zeg het dan. Je weet nu hoe
ze best zou kunnen heten. Julia's zijn toe
aan een doortastend, dwingend dichtersperspectief
en nemen een hoog woord als liefde graag voor lief.
Er valt echt niet zoveel te snappen als je snakt.
Giraffedij is niet voor niets zo hoog gelakt.
Safari is zo oud als mammoetjagers. Prooi
is mooi in hongerige ogen, altijd mooi.
Elk dier verlangt naar kooi, naar spit en vuur en tanden.
Fatsoen verlangt naar dierlijk duizelen en schande.
Een trekker snakt naar vinger, loop naar rook, obsessie
naar méér van wat haar voedt, de avond naar transgressie.
En zo verlangen Julia's naar onbehouwen,
beluste ogen van wie Julia's beschouwen
als draaiboek. Zeg het dan. Dit zijn geen metaforen.
Ze zal begrijpen wat je zegt. Ze wil het horen.

59

Dat land na land ten prooi valt aan een populistisch
geluid dat uit verbolgenheid onrealistisch
beleid in weerwil van gegronde argumenten
in naam van zelfbedacht gelijk staat uit te venten,
wil volgens mij niet automatisch zeggen dat
ook jij, mijn lief, het recht moet opeisen om prat
te mogen gaan op jouw irrationaliteit
in alles wat je mij nochtans met klem verwijt.
Oké. Dat neem ik terug. Zoals er naar de grieven
van het ontstemde volk en alle emotieve
motieven voor zijn ongemotiveerd protest
geluisterd dient te worden, omdat het funest
zou zijn om elitair te hechten aan de feiten,
zo zal ik lijdzaam luisteren naar jouw verwijten.
En ik besef terdege dat de meeste dingen
van minstens twee gezichtspunten die stellig wringen
bekeken kunnen worden en ik onderken
de possibiliteit dat ik onkritisch ben
ten opzichte van mijn persoonlijk uitgangspunt,
maar als je waarheid met je waarheden verdunt,
flagrante leugens als alternatieve feiten
wilt presenteren en geduchte kwantiteiten
aan nepnieuws over de discussie uit laat stromen,
dan is de kans gering dat wij hier uit gaan komen,
want dat je mening met mijn mening botst, is waar,
maar als echt alles, inclusief de feiten, maar
een mening is, zoals je volgens mij gelooft,
dan wordt verschil van mening van zijn zin beroofd
en kun je om het even wat wel gaan beweren,
zoals je overtuigend staat te demonstreren,
maar tevens is de kans dan wel ontzettend klein
dat wij na dit gesprek opnieuw eenstemmig zijn.
Nee, luister naar me, liefje. Ik ben aan het woord.
Nadat je al mijn argumenten hebt aanhoord,
geef ik je ruimte om je visie te verwoorden

en eerder niet. Dat zou mijn voorstel zijn van orde,
al is zo'n gang van zake weinig modieus,
naar ik besef. Hij wordt gehoord die zich onheus
bejegend weet en zich luidkeels de rol aanmeet
van het monddood gemaakte slachtoffer dat breed
uitmeet hoe niemand hem het recht gunt om te spreken.
Die strategie heb jij haast feilloos afgekeken
en ik geef toe dat deze uiterst effectief
kan zijn, maar toch zou ik je willen vragen, lief,
een weinig ouderwetse rationaliteit
te willen toestaan in de ongelijke strijd
van jouw misnoegen tegen mijn bereidheid tot
erkenning van tekort ondanks het spreekverbod
dat jouw gelijk me oplegt. Volg je wat ik zeg?
Dat politiek de smaak voor moeizaam overleg
verloren heeft en zich verlekkert aan extremen,
betekent niet dat onze ruzies en problemen
met stoere slogans kunnen worden opgelost,
zoals het denk ik evenmin veel moeite kost
om in te zien dat de klimaatsverandering
en stijging van de zeeën onder geen beding
rechtvaardigen dat jij in een verziekt klimaat
veroorzaakt hebt dat water aan mijn lippen staat.
Maar goed. Het is zoals het kennelijk moet zijn.
Maar, lief, op het gevaar af dat ik ondermijn
wat ik tot nu toe heb gezegd, wil ik bekennen
dat ik aan jouw vijandigheid zou kunnen wennen
als jij me toestaat ondanks alles toch van jou
te houden. Want wat ik in feite zeggen wou,
is dat vooruitgang wel bestaat. Het volk kan lezen.
Ooit dodelijke ziekten zijn nu te genezen.
Zo zal er op een dag misschien een ruimteschip
op reis gaan naar een onbereikbaar verre stip
voorbij de laatste horizon, waar een planeet
gevonden is waarop de mensheid weer van meet
af aan een gloednieuw samenzijn kan construeren.
Voor mij volstaat het als ik op die hoop mag teren.

60

Niet als een rampenfilm met haaien in tornado's,
die kannibalen, zombies en wat desperado's
gedurende een nucleaire winter naar
het leven staan met grove schrikeffecten, maar
als stilte na de film, wanneer je niemand hebt
met wie je na kunt praten over het concept,
zo is het zonder jou. De wereld is gewoon
genoeg. Ik kan naar elk café. Na afloop woon
ik waar ik woon. Maar alles heeft zo weinig zin
als jij niet met me lacht om elke haaienvin.
Ik druk me wat onhandig uit misschien, maar wat
ik onder woorden brengen wil, is dat de stad
van zombies is vergeven en dat ik geen kracht
heb om als desperado in de zwarte nacht
te blaffen door een afgezaagde loop. Ik loop
als iemand die niet in zijn rol gelooft te koop
met een soort vaag, talentloos voelen, dat ik graag
zou onderdrukken en negeren. Maar de vraag
is hoe ik ervoor zorgen kan dat al die uren
waarin ik mij een houding geef niet uren duren.
De tijd is een probleem, want zonder jou ontberen
momenten een motief om tijd aan te spenderen.
Ik moet het nog preciezer zeggen. Dat het gaat
zoals het gaat, is een verdomd fragiele staat
van zijn. Zoals gedichten kansloos zullen breken
zodra het kruisverhoor begint, zo is de deken
waaronder ik me dan maar als een kind verstop
een velletje papier met een gedicht erop,
terwijl het haaien waait. En ik besef terdege
dat 'breekbaarheid' in deze context een verlegen
en tamelijk irrelevante term kan lijken.
Toch kan ik het het beste daarmee vergelijken:
timide en van relevantie losgescheurd,
met weinig watervaste viltstift ingekleurd,
terwijl tornado's zijn voorspeld, voel ik me wel

een beetje breekbaar, zeg maar als een kankercel
die wordt bestraald. Toen wij nog gingen, jij en ik,
met spiegels en een minuscule selfie-stick
langs de fonteinen van de warme, oude stad,
toen was een zijden zakdoek groot genoeg voor wat
in die tijd wereld was. We maakten de verhalen
uit neergedwarreld stof in de opalen schalen
van oude poëzie en dansten grappig op
een playlist van naïeve, jonge rock en pop.
Nu ademt elke avond zwaar als een patiënt
die comateus in een steriele zuurstoftent
waarschijnlijk niet eens droomt. Zijn leven is verworden
tot tijdrekken, zoals jongleurs fragiele borden
op stokjes laten balanceren. Hooggeëerd
publiek, wie zonder vangnet langs de hemel scheert,
wordt onze nieuwe clown. Geen roffel van de drummer
doorbreekt de lange stilte na het trieste nummer.
Ik sluip op slappe schoenen de arena uit,
ontvlucht de circustent, verberg me in mijn huid
voor blikken van passanten, noem dit voortbestaan
en wat ik doe, is wat ik altijd heb gedaan,
maar nu dus zonder jou. Ik wou dat haaien kwamen
of kannibalen die een zakenlunch beramen.
Dat zou aan mijn vermoeide overlevingsdrang
wat richting kunnen geven en mijn ondergang
voorzien van filmische allure. Of ik zou
tenminste kunnen denken dat ik ooit met jou
zal kunnen lachen om het treurige niveau
van dit gemaakt rampzalige scenario.

Nawoord

In een van zijn *Chroniques italiennes* schreef Stendhal 'dat de liefde in Spanje een serieuze hartstocht is waarvoor men bereid is alles te offeren, zelfs de ijdelheid'. In die kronieken leidt menige liefdesaffaire dan ook tot geweld, moord, zelfmoord, ja zelfs tot complete bloedbaden.

Zonder hem dat laatste in de schoenen te willen schuiven: ook in werk en leven van Ilja Leonard Pfeijffer is de liefde een bijzonder ernstige aangelegenheid. Laten we het hier strikt over het werk hebben. Dat is al ernstig genoeg.

Ergens in het voorjaar van 1997 beklom Gert Jan de Vries, een van de toenmalige redacteuren van het literaire tijdschrift *Maatstaf* (destijds huisorgaan van De Arbeiderspers), de stoffige trappen naar de zolderkamer op Singel 262, waar ik als redacteur zat te werken. 'Moet je dit eens zien,' sprak hij ietwat opgewonden. Uit een enveloppe gleed een tiental buitengewoon sterke gedichten van een volstrekt onbekende auteur. Tussen poëticale, politiek geëngageerde en (taal)satirische gedichten bevonden zich ook meerdere liefdesgedichten, zoals eentje onder de titel 'Saudade', dat als volgt begon: 'Ik proef je mistig/ blaas rijp in het lover/ zucht je ogen dof/ je monden rood en open'.

Ik schreef de onbekende dichter of hij misschien nog meer van zulke gedichten had liggen met het oog op de eventuele publicatie van een bundel bij De Arbeiderspers. Een paar weken later stommelde een hyperverlegen, contemplatief bebrilde en weelderig langharige jongeman op crimineel gepunte Mexicaanse laarzen mijn kamer binnen. Met een heel pak extra verzen. De rest, zeggen we dan, is geschiedenis. En die geschiedenis begon met *van de vierkante man*, Pfeijffers debuutbundel, waarin de meeste uit dat pak afkomstige verzen (inclusief de tien die naar *Maatstaf* waren gestuurd) werden opgenomen.

Sindsdien is er geen dichtbundel meer van Ilja Leonard Pfeijffer verschenen – en eigenlijk ook nauwelijks ander werk van zijn hand – waarin de liefde zo niet het fundamentele dan toch wel een prominent thema was. Liefde is de essentie van zijn literaire werk, niet alleen de lichamelijke liefde of die voor de ene beminde, maar liefde voor het leven en de wereld. De kritiek die hem aanvankelijk geregeld ten deel viel, dat zijn werk toch vooral machtsvertoon en virtuositeit tentoonspreidde, heeft de auteur altijd moeilijk kunnen verkroppen. Hij wilde juist ook kwetsbaarheid tonen en iets diepmenselijks te zeggen hebben. In Vlaanderen zien ze de dingen altijd het eerst en het scherpst. In HUMO schreef een criticus naar aanleiding van *Brieven uit Genua*: 'Dat is wat de zeven zielen in de imposante bast in een betrouwbare omhelzing knelt: *he cares*. Het kan Ilja Leonard Pfeijffer altijd wat schelen.'

En daarom: liefde, liefde en nog eens liefde.

Peter Nijssen
Redacteur De Arbeiderspers

Van Ilja Leonard Pfeijffer verscheen onder meer:

PROZA

Rupert. Een bekentenis (De Arbeiderspers 2002, roman), Anton Wachterprijs, Gerard Walschapprijs, genomineerd voor de Debutantenprijs.

Het grote baggerboek (De Arbeiderspers 2004, roman), Tzumprijs, genomineerd voor de AKO Literatuurprijs en voor de Gouden Uil)

De filosofie van de heuvel. Op de fiets naar Rome (De Arbeiderspers 2009, 2020, reisverslag), genomineerd voor de Socrates Wisselbeker.

La Superba (De Arbeiderspers 2013, roman), Libris Literatuur Prijs, Inktaap, Tzumprijs, de vijfjaarlijkse prijs van de Koninklijke Academie voor Nederlandse Taal- en Letterkunde, genomineerd voor de AKO Literatuurprijs en de Gouden Boekenuil.

Brieven uit Genua (Privé-domein 282, De Arbeiderspers 2016, autobiografie)

Peachez, een romance (De Arbeiderspers 2017, roman), genomineerd voor de Libris Literatuur Prijs.

Grand Hotel Europa (De Arbeiderspers 2018, roman), roman van het jaar 2019 volgens *Trouw*-lezers, bestverkochte Nederlandse boek 2019, Gouden Boek CPNB, genomineerd voor de Libris Literatuur Prijs en de NS Publieksprijs.

Quarantaine (Privé-domein nr. 313, De Arbeiderspers 2020, autobiografie)

Monterosso mon amour. een novelle (Boekenweekgeschenk 2022, Stichting CPNB)

POËZIE

De man van vele manieren. Verzamelde gedichten 1998-2008 (De Arbeiderspers 2008, gedichten)

Giro giro tondo. Een obsessie (CPNB 2015, Poëzieweekgeschenk)

Idyllen. Nieuwe poëzie (De Arbeiderspers 2015, gedichten), VSB Poezieprijs, Jan Campertprijs, Awater Poëzieprijs, E. du Perronprijs.

TONEEL

De veelstemmige man. Verzameld toneelwerk 2007-2020 (De Arbeiderspers 2020), Taalunie Toneelschrijfprijs voor *De advocaat*.

Voor een complete bibliografie zie iljapfeijffer.com